일본어 가나 쓰기 교본

新 일본어 펜맨십

감수 한국일어교육학회

다락원

일러두기

이 책의 목적 이 책은 이제 막 일본어를 시작하는 학습자들을 위한 가나 입문서로
정확한 가나 쓰기법과 기본 발음을 익힐 수 있도록 만들어졌습니다.
기존의 일본어 펜맨십에 사용된 붓글씨체 활자 대신에 실제 일본사람
들이 배우고 사용하는 필기체 활자를 사용해서 학습자가 일본어 문자
에 쉽게 적응할 수 있도록 하였습니다. 그리고, 일본어 발음을 우리말
로 표기하면서 생기는 잘못된 발음을 지양하기 위해 우리말 대신 로
마자와 발음기호를 사용해 더욱 정확한 일본어 발음을 익히도록 하였
습니다.

다른 모든 것이 다 그렇듯이 일본어도 기초가 대단히 중요합니다. 우
리말의 자모음에 해당하는 히라가나와 가타카나를 정확히 익히면 머
나먼 일본어의 여정이 훨씬 수월해질 수 있으므로 쓰기 연습과 함께
정확한 발음을 익히도록 합시다.

학습 요령 이 책은 일본어의 기본 문자인 히라가나(ひらがな)와 가타카나(カタ
カナ)를 모범 글씨체를 따라 익힐 수 있도록 편집되어 있습니다. 화
살표와 그 위에 숫자를 붙여 글자 쓰는 방향과 순서를 제시하였으며,
풍부한 삽화를 더해 재미있게 일본어 글자를 익히도록 하였습니다.
그리고, 혼동하기 쉬운 글자를 모아 서로의 글자를 비교하며 연습할
수 있도록 하였습니다.

일본어 발음의 표기 각 가나에는 로마자 표기를 하였고, [ ]를 사용해 발음기호를
표시하였습니다.

차 례

I

日本語의 문자와 발음

1 일본어의 문자

1) 히라가나와 가타카나

일본어 글자에는 히라가나(ひらがな)와 가타카나(カタカナ)가 있고, 여기에 한자를 병행하여 사용한다.

히라가나와 가타카나를 통틀어 가나(仮名. 빌린 글자)라고 부른다. 히라가나는 한자의 초서체에서, 그리고 가타카나는 한자의 자획 일부에서 따온 것이다.

가타카나는 대체로 외래어·의성어·전보·광고문 등에 쓰이고, 특별히 말의 뜻을 강조하고 싶을 때 부분적으로 사용되며, 히라가나는 이 외 모든 경우에 사용한다.

이 가나를 5자씩 10행으로 배열한 것을 오십음도 (五十音図)라 하며, 세로줄을 「行」이라 하고, 가로줄을 「段」이라 한다.

2) 한자

일본어의 문장은 주로 히라가나와 한자를 섞어서 쓰게 되므로 한자도 일본어라 생각하고 공부해야 한다(일본 고유의 한자도 있다).

지정 상용한자 (常用漢字)는 1,945자이며 주로 신자체(新字体)를 쓴다.

일본어에서는 이 한자읽기가 아주 중요한데, 보통 하나의 한자에 두 가지 이상의 읽는 방법이 있다. 한자를 읽는 방법에는 음과 훈 두 가지가 있는데, 중국의 음을 소리나는 대로 읽는 법을 음독「音読」이라 하고, 한자의 뜻을 새겨서 읽는 법을 훈독「訓読」이라 한다.

오십음도

(1) 히라가나 (ひらがな) ― 청음(清音)

[ ]는 조사에만 씀.

	あ行	か行	さ行	た行	な行	は行	ま行	や行	ら行	わ行	
あ段	あ a	か ka	さ sa	た ta	な na	は ha	ま ma	や ya	ら ra	わ wa	ん n
い段	い i	き ki	し si	ち chi	に ni	ひ hi	み mi		り ri		
う段	う u	く ku	す su	つ tsu	ぬ nu	ふ fu	む mu	ゆ yu	る ru		
え段	え e	け ke	せ se	て te	ね ne	へ he	め me		れ re		
お段	お o	こ ko	そ so	と to	の no	ほ ho	も mo	よ yo	ろ ro	［を］ o	

(2) 가타카나 (カタカナ) ― 청음(清音)

	ア行	カ行	サ行	タ行	ナ行	ハ行	マ行	ヤ行	ラ行	ワ行	
ア段	ア a	カ ka	サ sa	タ ta	ナ na	ハ ha	マ ma	ヤ ya	ラ ra	ワ wa	ン n
イ段	イ i	キ ki	シ si	チ chi	ニ ni	ヒ hi	ミ mi		リ ri		
ウ段	ウ u	ク ku	ス su	ツ tsu	ヌ nu	フ fu	ム mu	ユ yu	ル ru		
エ段	エ e	ケ ke	セ se	テ te	ネ ne	ヘ he	メ me		レ re		
オ段	オ o	コ ko	ソ so	ト to	ノ no	ホ ho	モ mo	ヨ yo	ロ ro	［ヲ］ o	

（1）탁음（濁音）

	が行	ざ行	だ行	ば行
あ段	が ga	ざ za	だ da	ば ba
い段	ぎ gi	じ ji	ぢ ji	び bi
う段	ぐ gu	ず zu	づ zu	ぶ bu
え段	げ ge	ぜ ze	で de	べ be
お段	ご go	ぞ zo	ど do	ぼ bo

（2）반탁음（半濁音）

	ぱ行
あ段	ぱ pa
い段	ぴ pi
う段	ぷ pu
え段	ぺ pe
お段	ぽ po

（3）요음（拗音）

きゃ kya	しゃ sha	ちゃ cha	にゃ nya	ひゃ hya	みゃ mya	りゃ rya
きゅ kyu	しゅ shu	ちゅ chu	にゅ nyu	ひゅ hyu	みゅ myu	りゅ ryu
きょ kyo	しょ sho	ちょ cho	にょ nyo	ひょ hyo	みょ myo	ちょ ryo

ぎゃ gya	じゃ ja	ぢゃ ja	びゃ bya	ぴゃ pya
ぎゅ gyu	じゅ ju	ぢゅ ju	びゅ byu	ぴゅ pyu
ぎょ gyo	じょ jo	ぢょ jo	びゅ byo	ぴょ pyo

2 일본어의 발음

(1) 청음(清音)

오십음도에 나오는 각 음절의 가나에 탁점(゛)이나 반탁점(゜)을 붙이지 않은 글자로 오십음도에서 ん(응)을 제외한 모든 음이다.

(2) 탁음(濁音)

탁음이란 청음「か・さ・た・は」行의 오른쪽 위에 탁점(゛)을 붙여서 내는 음으로 성대의 진동에 의해 나는 유성음이다.

(3) 반탁음(半濁音)

「は」行에 반탁점(゜)을 붙여서 내는 음으로, 탁음과 같이 성대의 진동에 의해 나는 유성음이다.

(4) 요음(拗音)

오십음도의 각 자음의 「い」段(き・し・ち・に・ひ・み・り・ぎ・じ・び・ぴ)에 반모음인 や, ゆ, よ를 작게 써서 한 음절로 발음하는 글자를 요음이라 한다. 이때 작은 글자로 표기한 や, ゆ, よ 는 한글의 'ㅑ, ㅠ, ㅛ'와 같은 모음 역할을 하게 된다. 즉「き」에「や」가 작은 글자로 붙으면「きゃ」가 되고 [kja]로 발음되며, 「ゆ」가 붙으면 [kjɯ]로 발음되며, 「よ」가 붙으면 [kjo]라고 발음한다.

(5) 촉음(促音): っ

청음「つ」를 다른 글자 밑에 1/2로 작게 써서 앞의 음에 붙여서 내는 음이다. 한 음절분(한 박자)의 길이를 가지며 뒤에 오는 음에 따라 다르게 발음된다.

1)「か」行 자음(か・き・く・け・こ) 앞에서 [k]로 발음한다.

いっかい[ikkai] 1층   にっき[nikki] 일기
しっけ[ʃikke] 습기   ひっこし[hikkoʃi] 이사

2) 「さ」行 자음(さ・し・す・せ・そ) 앞에서 [s]로 발음한다.

ざっし[zaʃʃi] 잡지　　　　　けっさん[kessaN] 결산
じっさい[dʒissai] 실제　　　いっそう[isso:] 한층

3) 「た」行 자음(た・ち・つ・て・と) 앞에서 [t]로 발음한다.

いったい[ittai] 도대체　　　きって[kitte] 우표
おっと[otto] 남편　　　　　むっつ[muttsu] 여섯

4) 「ぱ」行 자음(ぱ・ぴ・ぶ・ぺ・ぽ) 앞에서 [p]로 발음한다.

いっぱい[ippai] 가득　　　　きっぷ[kippɯ] 표
しっぽ[ʃippo] 꼬리　　　　　はっぴょう[happjo:] 발표

(6) 발음(撥音)：ん

오십음도의 맨 마지막에 나오며 하네루音이라고도 한다. 한 음절분(한 박자)의 길이를 가진다.

1) [m]으로 발음할 경우 → ん 뒤에 「ま・ば・ぱ」行의 음이 올 때

さんま[samma] 꽁치　　　　ほんぶ[hombɯ] 본부
しんぱい[ʃimpai] 걱정　　　あんま[amma] 안마

※ 뒤에 오는 음 「ま・ぶ・ぱ」등의 영향으로, 예에서처럼 ん은 자연스럽게 [m]으로 발음된다.

2) [n]으로 발음할 경우 → ん뒤에 「さ・ざ・た・だ・な・ら」行의 음이 올 때

しんせつ[sinsetsɯ] 친절　　　センス[sensɯ] 센스
かんじ[kandʒi] 한자　　　　　はんたい[hantai] 반대
おんな[onna] 여자　　　　　　べんり[benri] 편리

3) [ŋ]으로 발음할 경우 → ん뒤에「か・が」行의 음이 올 때

    けんか[keŋka] 싸움　　　　　まんが[maŋga] 만화

    げんき[geŋki] 건강　　　　　にほんご[nihoŋgo] 일본어

4)비음(鼻音)[N]으로 발음할 경우 → 뒤에 오는 음이 없이「ん」으로 끝날 때나, ん
뒤에 모음·반모음 (あ・い・う・え・お・や・ゆ・よ・わ)이 올 때

① 뒤에 오는 음이 없이「ん」으로 끝날때

    ほん[hoN] 책　　　　　　　ねだん[nedaN] 값, 가격

    おでん[odeN] 어묵　　　　　えん[eN] 엔

②「ん」뒤에「い・え・や・ゆ・よ」가 올 때

    こんや[koNja] 오늘 저녁　　　ほんや[hoNja] 서점, 책방

③「ん」뒤에「あ・う・お・を・わ,　は・ひ・ふ・へ・ほ」가 올 때

    でんわ[deNwa] 전화　　　　　にほんを[nihoNo] 일본을

※ 이 발음은 세 번째의「ㅇ[ŋ]」과 비슷하다고도 볼 수 있으나 자음이 아닌 콧소리
　　모음으로 발음하므로 미묘한 발음 차이가 난다.

(7) 장음

한 음절분의 길이를 가지고 발음하는 것을 장음이라고 한다. 일본어의 장음은,「あ」
段 밑에는「あ」,「い」段 밑에는「い」,「う」段 밑에는「う」,「え」段 밑에는「え」
또는「い」,「お」段 밑에는「う」또는「お」를 각각 덧붙여 표기한다. 음의 길고
짧음에 따라 뜻이 달라지므로 발음에 주의해야 한다.

　　외래어의 장음 표기는「ー」를 사용한다.

1)「あ」단의 장음

    おばあさん[oba:saN] 할머니 (おばさん[obasaN] 아주머니)

    おかあさん[oka:saN] 어머니

    カード[ka:do] 카드 (かど[kado] 모퉁이, 모서리)

2) 「い」단의 장음

おじいさん[odʒi:saN] 할아버지 （おじさん[odʒisaN] 아저씨, 삼촌）
おにいさん[oni:saN] 오빠, 형님　さびしい[sabiʃi:] 쓸쓸한

3) 「う」단의 장음

くうき[kɯ:ki] 공기　　　　　　　ぎゅうにゅう[gjɯ:njɯ:] 우유
ゆうき[jɯ:ki] 용기 （ゆき[jɯki] 눈）
ブーケ[bɯ:ki] 부케, 꽃다발　　　ふうふ[hɯ:hɯ] 부부

4) 「え」단의 장음(え단+え, え단+i)

おねえさん[one:saN] 언니, 누님　えいご[e:go] 영어
せんせい[sense:] 선생님　　　　ケーキ[ke:ki] 케이크
メーカー[me:ka:] 메이커

5) 「お」단의 장음(お단+お, お단+う)

おとうさん[oto:saN] 아버지　　こうこう[ko:ko:] 효도
おとうと[oto:to] 남동생　　　　いもうと[imo:to] 여동생
とおい[to:i] 먼　　　　　　　　おおい[o:i] 많은

(8) 조사 「は」「へ」「を」에 관하여

1) 「は」[ha]는 조사 '～은(는)'으로 쓸 때는 [wa]로 발음한다.
　　わたしは [wataʃiwa]　나는　　※はな [hana] 꽃

2) 「へ」[he]는 조사 '～에'로 쓸 때는 [e]로 발음된다.
　　がっこうへ [gakko:e] 학교에　　　　※へび [hebi] 뱀

3) 「を」는 お와 같이 [o]로 발음되며 조사 (～을/를)로만 쓰인다.
　　これを [koreo]　이것을

(9) 일본어의 악센트

일본어를 일본어답게 발음하고 일본인과 의사소통을 하기 위해서는 우선 모음과 자음의 낱낱의 개별음소의 음가를 잘 이해하여 정확히 발음해야 할 것이다. 그러나 동시에 악센트에 유의하지 않으면 아무리 유창하게 일본어를 구사한다 해도 의미 전달이 불가능해지는 경우가 많다.

일본어에는 각 단어마다 반드시 높은 부분과 낮은 부분이 있다. 한국어의 표준어에서는 음의 고저에 따라 뜻이 달라지지는 않으나 경상방언에는 일본어와 같이 고저 악센트가 있다.

악센트의 표기는 다음과 같다.

1) '―'가 표시된 음절을 높은 음절로 발음하는 경우

　　とり [tori] 새　　　　　　　　　かお [kao] 얼굴
　　さけ [sake] 술　　　　　　　　　きもの [kimono] 기모노
　　さくら [sakɯra] 벚꽃　　　　　　はがき [hagaki] 엽서
　　ともだち [tomodatʃi] 친구　　　　ねんれい [nenre:] 연령

2) '┐'가 표시된 음절을 높은 음절로 발음하는 경우

　　あさ [asa] 아침　　　　　　　　　あめ [ame] 비
　　えき [eki] 역　　　　　　　　　　こころ [kokoro] 마음
　　かぞく [kazokɯ] 가족　　　　　　あなた [anata] 당신

ひらがな 의 자원(字源)

あ 安	い 以	う 宇	え 衣	お 於
か 加	き 幾	く 久	け 計	こ 己
さ 左	し 之	す 寸	せ 世	そ 曾
た 太	ち 知	つ 川	て 天	と 止
な 奈	に 仁	ぬ 奴	ね 祢	の 乃
は 波	ひ 比	ふ 不	へ 部	ほ 保
ま 末	み 美	む 武	め 女	も 毛
や 也		ゆ 由		よ 与
ら 良	り 利	る 留	れ 礼	ろ 呂
わ 和	を 袁	ん 无		

II ひらがな

쓰기연습

1 청음(清音) : 오십음도에서 ん을 제외한 모든 음

(1) あ行 ─ 일본어의 모음

あ	い	う	え	お
a	**i**	**u**	**e**	**o**
あ　あ	い　い	う　う	え　え	お　お

발음

일본어의 모음은 [a, i, ɯ, e, o]의 다섯 가지가 있다. 「う」는 「우」와 「으」의 중간음에 가깝고, 발음 기호로는 [ɯ]로 표기하여 [u]와 구별한다. [ɯ]는 [u]보다 입술을 둥글게 하지 않는 평순모음(平脣母音)이다.

あい　사랑　　　　いえ　집　　　　あう　만나다

단어		
いい 좋은	いう 말하다	え 그림
うえ 위	あおい 파란	おおい 많은

	あ	あ							
あ	あ	あ							
[a]	あ	あ							
	い	い							
い	い	い							
[i]	い	い							
	う	う							
う	う	う							
[ɯ]	う	う							
	え	え							
え	え	え							
[e]	え	え							
	お	お							
お	お	お							
[o]	お	お							

(2) か行

か	き	く	け	こ
ka	**ki**	**ku**	**ke**	**ko**
か　か	き　き	く　く	け　け	こ　こ

[ka, ki, kɯ, ke, ko] 로 발음한다. 한국어의 「ㅋ」이나 「ㄲ」으로 발음하지 않는다.

かき　감　　　　　きく　국화　　　　　いけ　연못

단어	あか 빨강	かお 얼굴	かく 쓰다
	えき 역	こえ 목소리	きく 듣다

	か	か						
か [ka]	か	か						
	か	か						
	き	き						
き [ki]	き	き						
	き	き						
	く	く						
く [kɯ]	く	く						
	く	く						
	け	け						
け [ke]	け	け						
	け	け						
	こ	こ						
こ [ko]	こ	こ						
	こ	こ						

(3) さ行

さ	し	す	せ	そ
sa	**si**	**su**	**se**	**so**

さ	さ	し	し	す	す	せ	せ	そ	そ

「さ」行 자음은 [sa, ʃi, sɯ, se, so] 로 발음한다. 「す」는 「수」와 「스」의 중간음으로 「수」보다는 「스」에 가깝게 발음된다.

さか 비탈길　　　　さけ 술　　　　すし 초밥

あし 다리　　　　いす 의자　　　　しお 소금

せき 자리　　　　うそ 거짓말　　　　かさ 우산

さ [sa]	さ	さ						
し [ʃi]	し	し						
す [sɯ]	す	す						
せ [se]	せ	せ						
そ [so]	そ	そ						

(4) た行

た	ち	つ	て	と
ta	**chi**	**tsu**	**te**	**to**
た　た	ち　ち	つ　つ	て　て	と　と

발음

「た、て、と」는 [ta, te, to]로 발음하며, 「ち」는 [tʃi], 「つ」는 [tsɯ]로 발음한다.

くち 입　　　　　　ちち 아버지　　　　　かた 어깨

단어	つき 달	てつ 철	つくえ 책상
	てら 절	とち 땅, 토지	あいて 상대

	た	た							
た [ta]	た	た							
	た	た							
	ち	ち							
ち [tʃi]	ち	ち							
	ち	ち							
	つ	つ							
つ [tsɯ]	つ	つ							
	つ	つ							
	て	て							
て [te]	て	て							
	て	て							
	と	と							
と [to]	と	と							
	と	と							

(5) な行

なな	にに	ぬぬ	ねね	のの
na	**ni**	**nu**	**ne**	**no**
な	に	ぬ	ね	の

「な」行 子音은 [na, ni, nɯ, ne, no]로 발음한다.

なに 무엇?

ねこ 고양이

にし 서쪽

단어	なつ 여름	くに 나라	なか 속
	いぬ 개	のど 목구멍	しぬ 죽다

な [na]	な	な						
に [ni]	に	に						
ぬ [nɯ]	ぬ	ぬ						
ね [ne]	ね	ね						
の [no]	の	の						

(6) は行

は	ひ	ふ	へ	ほ
ha	**hi**	**fu**	**he**	**ho**
は　は	ひ　ひ	ふ　ふ	へ　へ	ほ　ほ

「は」行 자음은 [ha, hi, hɯ, he, ho]로 발음한다. 한국인은 「は」行 자음이 어중에 올 경우에는 약하게 발음하는 경향이 있으므로 주의해야 한다.

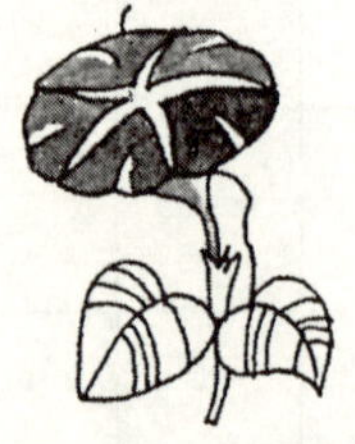

はな 꽃

ひとつ 하나

ふたつ 둘

<table>
<tr><td rowspan="2">단어</td><td>はは 어머니</td><td>ふね 배</td><td>はこ 상자</td></tr>
<tr><td>へそ 배꼽</td><td>ほし 별</td><td>ひ 불</td></tr>
</table>

は [ha]	は	は							
	は	は							
	は	は							
ひ [hi]	ひ	ひ							
	ひ	ひ							
	ひ	ひ							
ふ [hɯ]	ふ	ふ							
	ふ	ふ							
	ふ	ふ							
へ [he]	へ	へ							
	へ	へ							
	へ	へ							
ほ [ho]	ほ	ほ							
	ほ	ほ							
	ほ	ほ							

(7) ま行

ma	**mi**	**mu**	**me**	**mo**
ま	み	む	め	も

「ま」行 자음은 [ma, mi, mɯ, me, mo]로 발음한다.

まめ 콩　　　　　みみ 귀　　　　　むね 가슴

みち 길　　　　むし 벌레　　　　まえ 앞
めまい 현기증　　もも 복숭아　　くま 곰

28

	ま	ま							
ま [ma]	ま	ま							
	ま	ま							
	み	み							
み [mi]	み	み							
	み	み							
	む	む							
む [mɯ]	む	む							
	む	む							
	め	め							
め [me]	め	め							
	め	め							
	も	も							
も [mo]	も	も							
	も	も							

(8) や行

ya	yu	yo
や や	ゆ ゆ	よ よ

「や」行 자음은 [ja, jɯ, jo]로 발음하며, 뒤에 오는 [a, ɯ, o]의 모음과 함께 입모양이 결정된다.

やま 산

ゆめ 꿈

やきもの 도자기

ゆき 눈	おや 부모	まゆ 눈썹
よこ 가로	よなか 밤중, 한밤중	よむ 읽다

や [ja]	や	や							
	や	や							
	や	や							
ゆ [jɯ]	ゆ	ゆ							
	ゆ	ゆ							
	ゆ	ゆ							
よ [jo]	よ	よ							
	よ	よ							
	よ	よ							

(9) ら行

ら	り	る	れ	ろ
ra	**ri**	**ru**	**re**	**ro**
ら　ら	り　り	る　る	れ　れ	ろ　ろ

우리말의 「라·리·루·레·로」와 같으나, 「る」는 「루」와 「르」의 중간음에 가깝다.

そら　하늘　　　　とり　새　　　　いろ　색, 색깔

단어	さら　접시	うり　참외	くるま　자동차
	るす　부재중	れきし　역사	あり　개미

	ら	ら							
ら [ra]	ら	ら							
	ら	ら							
	り	り							
り [ri]	り	り							
	り	り							
	る	る							
る [rɯ]	る	る							
	る	る							
	れ	れ							
れ [re]	れ	れ							
	れ	れ							
	ろ	ろ							
ろ [ro]	ろ	ろ							
	ろ	ろ							

(10) わ行

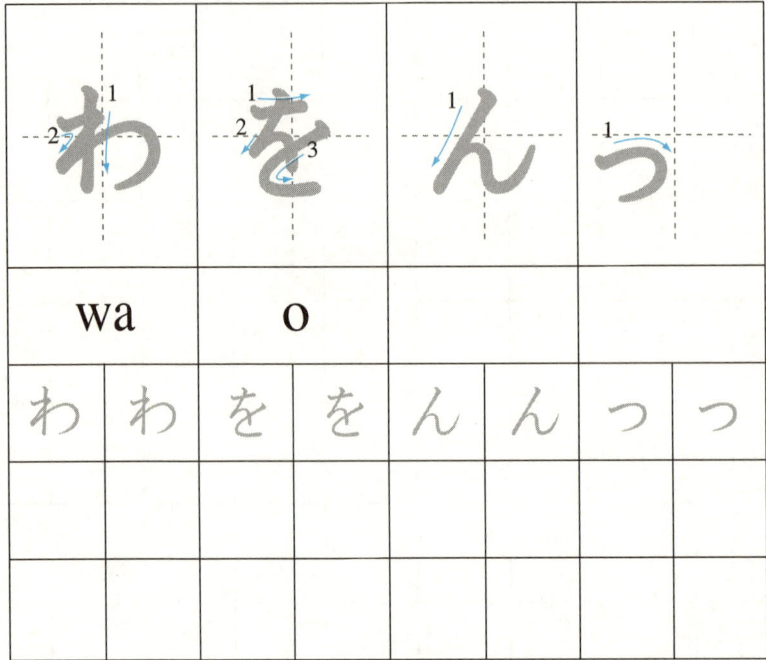

わ	を	ん	っ
wa	**o**		
わ わ	を を	ん ん	っ っ

「わ」는 반모음이고 [wa]로 발음한다.

かわ 강

わらう 웃다

わに 악어

단어	わたし 나	わいろ 뇌물	てんき 날씨
	ほん 책	でんわ 전화	にっき 일기

34

		わ	わ							
わ		わ	わ							
[wa]		わ	わ							
を		を	を							
		を	を							
[o]		を	を							
ん		ん	ん							
		ん	ん							
[n]		ん	ん							
っ		っ	っ							
		っ	っ							
[k,s,t,p]		っ	っ							

☑ 탁음(濁音)

청음「か・さ・た・は」行의 오른쪽 위에 탁점(゛)을 붙여서 내는 음이다.

(1) が行

が	ぎ	ぐ	げ	ご
ga	gi	gu	ge	go

が	が	ぎ	ぎ	ぐ	ぐ	げ	げ	ご	ご

발음

「か」行은 [k]로 무성음이며,「が」行은 [g]로 유성음이다. 즉 [k]와 조음(調音) 위치는 같으나 성대의 진동을 수반하는 점이 다르다. [g]가 어중에 오는 경우에 東京語에서는 [ŋ]으로 발음하며, 젊은 세대의 발음에서는 [g]를 선호하는 경향이다.

がく   액자

ぎむ   의무

ぐあい   형편, 사정

단어	かがみ 거울	みぎ 오른쪽	およぐ 헤엄치다
	かげ 그림자	ごみ 쓰레기, 휴지	がんばる 분발하다

が [ga]	が	が						
	が	が						
	が	が						
ぎ [gi]	ぎ	ぎ						
	ぎ	ぎ						
	ぎ	ぎ						
ぐ [gɯ]	ぐ	ぐ						
	ぐ	ぐ						
	ぐ	ぐ						
げ [ge]	げ	げ						
	げ	げ						
	げ	げ						
ご [go]	ご	ご						
	ご	ご						
	ご	ご						

(2) ざ行

ざ	じ	ず	ぜ	ぞ
za	**ji**	**zu**	**ze**	**zo**
ざ　ざ	じ　じ	ず　ず	ぜ　ぜ	ぞ　ぞ

「さ」行은 [s]로 무성음이며 「ざ」行은 [z]로 유성음이다. 한국어의 「ス」과는 다른 음이며 영어의 [z]음과 유사하다. 「じ」는 [dʒi]로 발음한다.

ざる　소쿠리

じこ　사고

にじ　무지개

단어	ひざ 무릎	すずめ 참새	じかん 시간
	かぜ 바람	なぞ 수수께끼	みず 물

38

ざ [za]	ざ	ざ							
じ [dʒi]	じ	じ							
ず [zɯ]	ず	ず							
ぜ [ze]	ぜ	ぜ							
ぞ [zo]	ぞ	ぞ							

(3) だ行

だ	ぢ	づ	で	ど
da	**ji**	**zu**	**de**	**do**

だ	だ	ぢ	ぢ	づ	づ	で	で	ど	ど

「だ、て、ど」는 [da, de, do]로 발음한다.「ち」「づ」는「じ」「ず」와 발음이 같다.

だれ　누구

つづき　계속

はなぢ　코피

단어	ただしい 옳바른	てる 나가다	てきる 가능하다, 생기다
	えだ (나뭇)가지	どこ 어디	どうぶつ 동물

40

だ [da]	だ	だ							
ぢ [dʒi]	ぢ	ぢ							
づ [zɯ]	づ	づ							
で [de]	で	で							
ど [do]	ど	ど							

(4) ば行

ば	び	ぶ	べ	ぼ
ba	**bi**	**bu**	**be**	**bo**
ば ば	び び	ぶ ぶ	べ べ	ぼ ぼ

우리말의 「바·비·부·베·보」와 비슷하나 한국어의 「ㅂ」보다 성대의 진동이 강한 [ba, bi, bɯ, be, be]이다.

そば　메밀국수

くび　목

ぶた　돼지

단어	ばら 장미	たび 여행	よぶ 부르다
	かべ 벽	べんきょう 공부	どろぼう 도둑

	ば	ば							
ば [ba]	ば	ば							
	ば	ば							
び [bi]	び	び							
	び	び							
	び	び							
ぶ [bɯ]	ぶ	ぶ							
	ぶ	ぶ							
	ぶ	ぶ							
べ [be]	べ	べ							
	べ	べ							
	べ	べ							
ぼ [bo]	ぼ	ぼ							
	ぼ	ぼ							
	ぼ	ぼ							

3 ぱ行 — 반탁음(半濁音)

청음「は」行의 오른쪽 위에 반탁점 (˚)을 붙여서 내는 음이다.

ぱ	ぴ	ぷ	ぺ	ぽ
pa	**pi**	**pu**	**pe**	**po**
ぱ ぱ	ぴ ぴ	ぷ ぷ	ぺ ぺ	ぽ ぽ

발음

は [ha]는 청음, ば [ba]는 탁음, ぱ [pa]는 반탁음이라고 부르며, [pa, pi, pɯ, pe, po]로 발음한다. 특히 의성어, 의태어, 외래어 어휘에 자주 쓰인다.

ぴかぴか　번쩍번쩍

ぱたぱた　쿵쿵, 탕탕

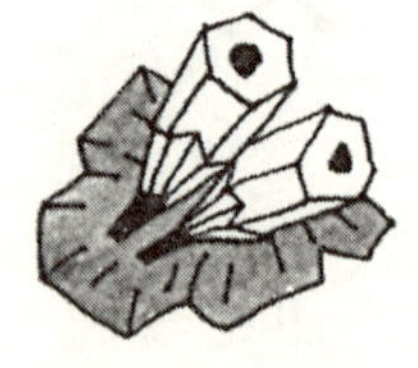

えんぴつ　연필

단어　　ぺたぺた　찰싹찰싹, 철썩철썩　　　　　　ぽかぽか　따뜻함, 훈훈함

ぱ [pa]	ぱ	ぱ						
	ぱ	ぱ						
	ぱ	ぱ						
ぴ [pi]	ぴ	ぴ						
	ぴ	ぴ						
	ぴ	ぴ						
ぷ [pɯ]	ぷ	ぷ						
	ぷ	ぷ						
	ぷ	ぷ						
ぺ [pe]	ぺ	ぺ						
	ぺ	ぺ						
	ぺ	ぺ						
ぽ [po]	ぽ	ぽ						
	ぽ	ぽ						
	ぽ	ぽ						

4 요음(拗音)

1) きゃ・きゅ・きょ, ぎゃ・ぎゅ・ぎょ

きゃ kya	きゃ	きゃ				
	きゃ	きゃ				
きゅ kyu	きゅ	きゅ				
	きゅ	きゅ				
きょ kyo	きょ	きょ				
	きょ	きょ				

ぎゃ gya	ぎゃ	ぎゃ				
	ぎゃ	ぎゃ				
ぎゅ gyu	ぎゅ	ぎゅ				
	ぎゅ	ぎゅ				
ぎょ gyo	ぎょ	ぎょ				
	ぎょ	ぎょ				

단어			
	きんぎょ 금붕어	きゅうか 휴가	きゃく 손님
	きょり 거리	ぎゅうにゅう 우유	きょういく 교육

2) しゃ・しゅ・しょ，　じゃ・じゅ・じょ

しゃ sha	しゃ	しゃ				
	しゃ	しゃ				
しゅ shu	しゅ	しゅ				
	しゅ	しゅ				
しょ sho	しょ	しょ				
	しょ	しょ				

じゃ ja	じゃ	じゃ				
	じゃ	じゃ				
じゅ ju	じゅ	じゅ				
	じゅ	じゅ				
じょ jo	じょ	じょ				
	じょ	じょ				

단어

じゅうしょ 주소　　しょくじ 식사　　しゅみ 취미

しゃしん 사진　　じょし 여자　　じゃま 방해

3) ちゃ・ちゅ・ちょ

ちゃ cha	ちゃ	ちゃ				
	ちゃ	ちゃ				
ちゅ chu	ちゅ	ちゅ				
	ちゅ	ちゅ				
ちょ cho	ちょ	ちょ				
	ちょ	ちょ				

4) にゃ・にゅ・にょ

にゃ nya	にゃ	にゃ				
	にゃ	にゃ				
にゅ nyu	にゅ	にゅ				
	にゅ	にゅ				
にょ nyo	にょ	にょ				
	にょ	にょ				

5) ひゃ・ひゅ・ひょ，びゃ・びゅ・びょ，ぴゃ・ぴゅ・ぴょ

ひゃ hya	ひゃ	ひゃ				
	ひゃ	ひゃ				
ひゅ hyu	ひゅ	ひゅ				
	ひゅ	ひゅ				
ひょ hyo	ひょ	ひょ				
	ひょ	ひょ				

びゃ bya	びゃ	びゃ				
	びゃ	びゃ				
びゅ byu	びゅ	びゅ				
	びゅ	びゅ				
びょ byo	びょ	びょ				
	びょ	びょ				

단어

ひゃく 백	さんびゃく 삼백	ひょうひょう 휘파람 소리
びょうき 병(病)	ひょうげん 표현	びょういん 병원

ぴゃ pya	ぴゃ	ぴゃ				
	ぴゃ	ぴゃ				
ぴゅ pyu	ぴゅ	ぴゅ				
	ぴゅ	ぴゅ				
ぴょ pyo	ぴょ	ぴょ				
	ぴょ	ぴょ				

단어　　ろっぴゃく 육백　　　　　　　ぴょんぴょん 깡총깡총

6) みゃ・みゅ・みょ

みゃ mya	みゃ	みゃ				
	みゃ	みゃ				
みゅ myu	みゅ	みゅ				
	みゅ	みゅ				
みょ myo	みょ	みょ				
	みょ	みょ				

7) りゃ・りゅ・りょ

りゃ rya	りゃ	りゃ				
	りゃ	りゃ				
りゅ ryu	りゅ	りゅ				
	りゅ	りゅ				
りょ ryo	りょ	りょ				
	りょ	りょ				

単어

みゃく 맥　　みょうにち 내일　　りゅうこう 유행
りゃくじ 약자　　りょうり 요리　　りょこう 여행

い									
り									

う									
ら									

ぬ									
め									

ね									
れ									
わ									

は								
ほ								

ま								
も								

る								
ろ								

カタカナ 의 자원(字源)

ア 阿	イ 伊	ウ 宇	エ 江	オ 於
カ 加	キ 幾	ク 久	ケ 介	コ 己
サ 散	シ 之	ス 須	セ 世	ソ 曾
タ 多	チ 千	ツ 川	テ 天	ト 止
ナ 奈	ニ 二	ヌ 奴	ネ 祢	ノ 乃
ハ 八	ヒ 比	フ 不	ヘ 部	ホ 保
マ 末	ミ 三	ム 牟	メ 女	モ 毛
ヤ 也		ユ 由		ヨ 与
ラ 良	リ 利	ル 流	レ 礼	ロ 呂
ワ 和	ヲ 乎	ン 尓		

Ⅲ カタカナ

쓰기연습

1 청음(清音)

(1) ア行 — 일본어의 모음

ア	イ	ウ	エ	オ
a	i	u	e	o
ア　ア	イ　イ	ウ　ウ	エ　エ	オ　オ

발음

일본어의 모음은 [a, i, ɯ, e, o]의 다섯 가지가 있다. 「ウ」는 「우」와 「으」의 중간 음에 가깝고, 발음 기호로는 [ɯ]로 표기하여 [u]와 구별한다. [ɯ]는 [u]보다 입술을 둥글게 하지 않는 평순모음(平脣母音)이다.

アメリカ 미국

アイスクリーム 아이스크림

イギリス 영국

단어	ウイスキー 위스키	エプロン 앞치마	アイロン 다리미
	オイル 기름	ウエートレス 웨이트리스	アイデア 아이디어

	ア	ア							
ア [a]	ア	ア							
	ア	ア							
イ [i]	イ	イ							
	イ	イ							
	イ	イ							
ウ [ɯ]	ウ	ウ							
	ウ	ウ							
	ウ	ウ							
エ [e]	エ	エ							
	エ	エ							
	エ	エ							
オ [o]	オ	オ							
	オ	オ							
	オ	オ							

(2) カ行

ka	ki	ku	ke	ko
カ カ	キ キ	ク ク	ケ ケ	コ コ

[ka, ki, kɯ, ke, ko] 로 발음한다. 한국어의 「ㅋ」이나 「ㄲ」으로 발음하지 않는다.

ケーキ　케이크

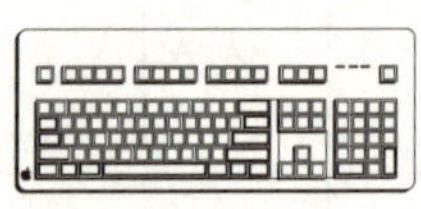

キーボード　키보드

オーケー　오케이, 좋아

단어	カカオ 카카오	カー 자동차	クラス 클래스
	カレンダー 캘린더	ココア 코코아	キー 열쇠

カ	カ	カ							
[ka]	カ	カ							
	カ	カ							
キ	キ	キ							
[ki]	キ	キ							
	キ	キ							
ク	ク	ク							
[kɯ]	ク	ク							
	ク	ク							
ケ	ケ	ケ							
[ke]	ケ	ケ							
	ケ	ケ							
コ	コ	コ							
[ko]	コ	コ							
	コ	コ							

(3) サ行

サ	シ	ス	セ	ソ
sa	**si**	**su**	**se**	**so**

サ	サ	シ	シ	ス	ス	セ	セ	ソ	ソ

「サ」行 자음은 [sa, ʃi, suɯ, se, so] 로 발음한다. 「ス」는 「수」와 「스」의 중간음으로 「수」보다는 「스」에 가깝게 발음된다.

スイス　스위스

サーカス　서커스

セーター　스웨터

단어	サッカー 축구	システム 시스템	サイズ 사이즈
	スプーン 스푼	ソース 소스	スピード 스피드

サ [sa]	サ	サ							
	サ	サ							
	サ	サ							
シ [ʃi]	シ	シ							
	シ	シ							
	シ	シ							
ス [sɯ]	ス	ス							
	ス	ス							
	ス	ス							
セ [se]	セ	セ							
	セ	セ							
	セ	セ							
ソ [so]	ソ	ソ							
	ソ	ソ							
	ソ	ソ							

(4) タ行

タ	チ	ツ	テ	ト
ta	**chi**	**tsu**	**te**	**to**
タ　タ	チ　チ	ツ　ツ	テ　テ	ト　ト

발음

「タ、テ、ト」는 [ta, te, to]로 발음하며, 「チ」는 [tʃi], 「ツ」는 [tsɯ]로 발음한다.

ツアー　단체여행

タクシー　택시

ウエーター　웨이터, 급사

단어	チーズ 치즈	ツイン 트윈	テーブル 테이블
	スーツ 양장, 양복	コート 코트	テレビ 텔레비전

	タ [ta]	タ	タ						
		タ	タ						
		タ	タ						
	チ [tʃi]	チ	チ						
		チ	チ						
		チ	チ						
	ツ [tsɯ]	ツ	ツ						
		ツ	ツ						
		ツ	ツ						
	テ [te]	テ	テ						
		テ	テ						
		テ	テ						
	ト [to]	ト	ト						
		ト	ト						
		ト	ト						

(5) ナ行

ナ	ニ	ヌ	ネ	ノ
na	**ni**	**nu**	**ne**	**no**

ナ	ナ	ニ	ニ	ヌ	ヌ	ネ	ネ	ノ	ノ

「ナ」行 자음은 [na, ni, nɯ, ne, no]로 발음한다.

ノート　노트

ナイフ　나이프, 칼

テニス　테니스

단어

| カヌー 카누 | ネクタイ 넥타이 | バナナ 바나나 |
| ノイズ 소음 | スニーカー 운동화 | ソファー 소파 |

ナ [na]	ナ	ナ							
	ナ	ナ							
	ナ	ナ							
ニ [ni]	ニ	ニ							
	ニ	ニ							
	ニ	ニ							
ヌ [nɯ]	ヌ	ヌ							
	ヌ	ヌ							
	ヌ	ヌ							
ネ [ne]	ネ	ネ							
	ネ	ネ							
	ネ	ネ							
ノ [no]	ノ	ノ							
	ノ	ノ							
	ノ	ノ							

(6) ハ行

ハ	ヒ	フ	ヘ	ホ
ha	**hi**	**fu**	**he**	**ho**
ハ ハ	ヒ ヒ	フ フ	ヘ ヘ	ホ ホ

「ハ」行 자음은 [ha, hi, hɯ, he, ho]로 발음한다. 한국인은 「ハ」行 자음이 어중에 올 경우에는 약하게 발음하는 경향이 있으므로 주의해야 한다.

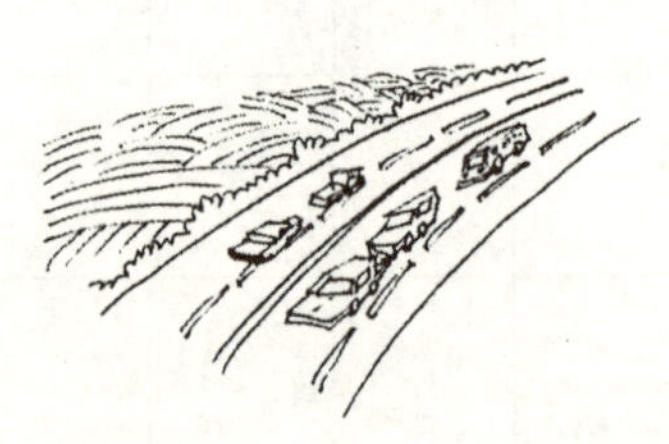

ハイウエー 하이웨이

ホース 호스

コーヒー 커피

ハーモニカ 하모니카	ヒーター 히터	ハーモニ 하모니, 조화
フライ 프라이, 튀김	ヘア 머리카락	フード 음식물

ハ [ha]	ハ	ハ						
	ハ	ハ						
	ハ	ハ						
ヒ [hi]	ヒ	ヒ						
	ヒ	ヒ						
	ヒ	ヒ						
フ [hɯ]	フ	フ						
	フ	フ						
	フ	フ						
ヘ [he]	ヘ	ヘ						
	ヘ	ヘ						
	ヘ	ヘ						
ホ [ho]	ホ	ホ						
	ホ	ホ						
	ホ	ホ						

(7) マ行

マ ma	ミ mi	ム mu	メ me	モ mo
マ マ	ミ ミ	ム ム	メ メ	モ モ

「マ」行 자음은 [ma, mi, mɯ, me, mo]로 발음한다.

マイク 마이크

メモ 메모

チーム 팀

マスコミ 매스컴	トマト 토마토	メロン 메론
ミルク 밀크, 우유	メダル 메달	ハム 햄

マ [ma]	マ	マ							
	マ	マ							
	マ	マ							
ミ [mi]	ミ	ミ							
	ミ	ミ							
	ミ	ミ							
ム [mɯ]	ム	ム							
	ム	ム							
	ム	ム							
メ [me]	メ	メ							
	メ	メ							
	メ	メ							
モ [mo]	モ	モ							
	モ	モ							
	モ	モ							

(8) ヤ行

	ya		yu		yo
ヤ	ヤ	ユ	ユ	ヨ	ヨ

「ヤ」行 자음은 [ja, jɯ, jo]로 발음하며, 뒤에 오는 [a, ɯ, o]의 모음과 함께 입모양이 결정된다.

ヨーヨー　요요(장난감의 일종)

ユニーク　유니크

단어	ヤヌス 야누스	ヤング 젊은이	ニューヨーク 뉴욕
	ユーモア 유머	ユニホーム 유니폼	ヨット 요트

ヤ [ja]	ヤ	ヤ						
	ヤ	ヤ						
	ヤ	ヤ						
ユ [jɯ]	ユ	ユ						
	ユ	ユ						
	ユ	ユ						
ヨ [jo]	ヨ	ヨ						
	ヨ	ヨ						
	ヨ	ヨ						

(9) ラ行

ラ	リ	ル	レ	ロ
ra	**ri**	**ru**	**re**	**ro**
ラ ラ	リ リ	ル ル	レ レ	ロ ロ

우리말의 「라·리·루·레·로」와 같으나, 「ル」는 「루」와 「르」의 중간음에 가깝다.

ライト　라이트

リボン　리본

レース　레이스, 경주

단어

ライター 라이터	リスト 리스트, 명단	ステレオ 스테레오
ルール 룰, 규칙	ロシア 러시아	コーラ 콜라

72

ラ [ra]	ラ ラ ラ	ラ ラ ラ						
リ [ri]	リ リ リ	リ リ リ						
ル [ru]	ル ル ル	ル ル ル						
レ [re]	レ レ レ	レ レ レ						
ロ [ro]	ロ ロ ロ	ロ ロ ロ						

(10) ワ行

ワ	ヲ	ン	ツ
wa	**o**		
ワ ワ	ヲ ヲ	ン ン	ツ ツ

「ワ」는 반모음이고 [wa]로 발음한다.

ワイフ　와이프, 아내

ワイン　와인

ワイヤ　와이어, 철사

단어		
レモン 레몬	カーテン 커텐	ワクチン 왁친
ワルツ 왈츠	ハワイ 하와이	マッチ 성냥

	ワ [wa]	ワ	ワ							
		ワ	ワ							
		ワ	ワ							
	ヲ [o]	ヲ	ヲ							
		ヲ	ヲ							
		ヲ	ヲ							
	ン [n]	ン	ン							
		ン	ン							
		ン	ン							
	ツ [k,s,t,p]	ツ	ツ							
		ツ	ツ							
		ツ	ツ							

청음 「カ・サ・タ・ハ」行의 오른쪽 위에 탁점(ﾞ)을 붙여서 내는 음이다.

(1) ガ行

ガ	ギ	グ	ゲ	ゴ
ga	gi	gu	ge	go

ガ	ガ	ギ	ギ	グ	グ	ゲ	ゲ	ゴ	ゴ

발음

「カ」行은 [k]로 무성음이며, 「ガ」行은 [g]로 유성음이다. 즉 [k]와 조음(調音) 위치는 같으나 성대의 진동을 수반하는 점이 다르다.

ギター 기타

ギフト 기프트, 선물

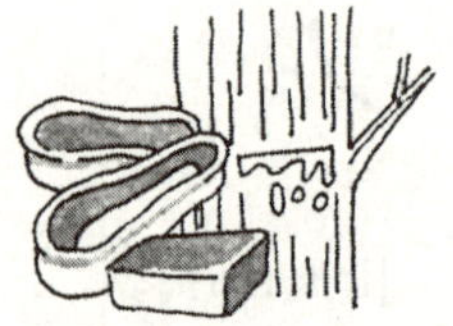

ゴム 고무

단어	ガソリン 가솔린	グラフ 그래프	ガス 가스
	ゲーム 게임	ゴルフ 골프	サングラス 선글라스

ガ [ga]	ガ	ガ							
	ガ	ガ							
	ガ	ガ							
ギ [gi]	ギ	ギ							
	ギ	ギ							
	ギ	ギ							
グ [gɯ]	グ	グ							
	グ	グ							
	グ	グ							
ゲ [ge]	ゲ	ゲ							
	ゲ	ゲ							
	ゲ	ゲ							
ゴ [go]	ゴ	ゴ							
	ゴ	ゴ							
	ゴ	ゴ							

(2) ザ行

ザ	ジ	ズ	ゼ	ゾ
za	ji	zu	ze	zo

ザ	ザ	ジ	ジ	ズ	ズ	ゼ	ゼ	ゾ	ゾ

발음

「サ」行은 [s]로 무성음이며 「ザ」行은 [z]로 유성음이다. 한국어의 「ス」과는 다른 음이며 영어의 [z]음과 유사하다. 「ジ」는 [dʒi]로 발음한다.

プレゼント 선물

シリーズ 시리즈

リズム 리듬

단어	ジーンズ 진즈, 청바지	ラジオ 라디오	ローズ 장미
	ゼリー 젤리	デザイン 디자인	ソーセージ 소세지

ザ [za]	ザ	ザ							
	ザ	ザ							
	ザ	ザ							
ジ [dʒi]	ジ	ジ							
	ジ	ジ							
	ジ	ジ							
ズ [zɯ]	ズ	ズ							
	ズ	ズ							
	ズ	ズ							
ゼ [ze]	ゼ	ゼ							
	ゼ	ゼ							
	ゼ	ゼ							
ゾ [zo]	ゾ	ゾ							
	ゾ	ゾ							
	ゾ	ゾ							

(3) ダ行

ダ	ヂ	ヅ	デ	ド
da	ji	zu	de	do
ダ　ダ	ヂ　ヂ	ヅ　ヅ	デ　デ	ド　ド

「ダ、デ、ド」는 [da, de, do]로 발음한다. 「ヂ」「ヅ」는 「ジ」「ズ」와 발음이 같다.

ダイヤル　다이얼

ドラマ　드라마

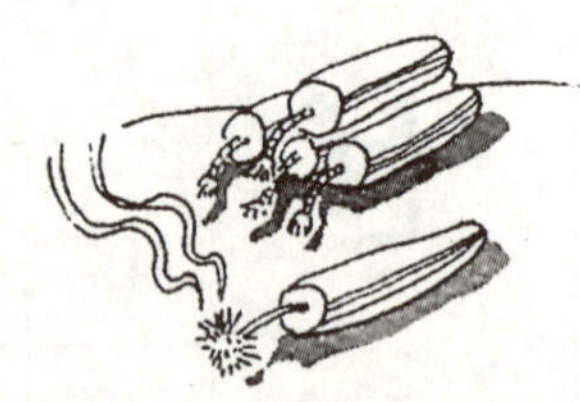

ダイナマイト　다이너마이트

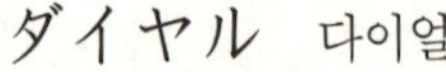

단어	デート 데이트	デザート 디저트	サラダ 샐러드
	シドニー 시드니	ドア 문	ドイツ 독일

ダ								
[da]	ダ	ダ						
	ダ	ダ						
	ダ	ダ						

ヂ								
[dʒi]	ヂ	ヂ						
	ヂ	ヂ						
	ヂ	ヂ						

ヅ								
[zɯ]	ヅ	ヅ						
	ヅ	ヅ						
	ヅ	ヅ						

デ								
[de]	デ	デ						
	デ	デ						
	デ	デ						

ド								
[do]	ド	ド						
	ド	ド						
	ド	ド						

(4) バ行

バ	ビ	ブ	ベ	ボ
ba	**bi**	**bu**	**be**	**bo**

バ	バ	ビ	ビ	ブ	ブ	ベ	ベ	ボ	ボ

우리말의 「바·비·부·베·보」와 비슷하나 한국어의 「ㅂ」보다 성대의 진동이 강한 [ba, bi, bɯ, be, be]이다.

バナナ   바나나

ビール   맥주

バイブル   바이블, 성경

단어	ブザー 버저(초인종)	ブレーキ 브레이크	ベーコン 베이컨
	ベルト 벨트	ボート 보트	バター 버터

バ [ba]	バ	バ							
ビ [bi]	ビ	ビ							
ブ [bɯ]	ブ	ブ							
ベ [be]	ベ	ベ							
ボ [bo]	ボ	ボ							

청음 「ハ」行의 오른쪽 위에 반탁점 (ﾟ)을 붙여서 내는 음이다.

パ	ピ	プ	ペ	ポ
pa	pi	pu	pe	po
パ パ	ピ ピ	プ プ	ペ ペ	ポ ポ

발음

ハ[ha]는 청음, バ[ba]는 탁음, パ[pa]는 반탁음이라고 부르며, [pa, pi, pɯ, pe, po]로 발음한다. 특히 의성어, 의태어, 외래어 어휘에 자주 쓰인다.

パイプ 파이프

ピアノ 피아노

ポパイ 뽀빠이

단어

| デパート 백화점 | プロペラ 프로펠러 | パイ 파이 |
| パン 빵 | ペン 펜 | スポーツ 스포츠 |

	パ [pa]	パ	パ						
パ	パ	パ							
	パ	パ							
	ピ [pi]	ピ	ピ						
ピ	ピ	ピ							
	ピ	ピ							
	プ [pɯ]	プ	プ						
プ	プ	プ							
	プ	プ							
	ペ [pe]	ペ	ペ						
ペ	ペ	ペ							
	ペ	ペ							
	ポ [po]	ポ	ポ						
ポ	ポ	ポ							
	ポ	ポ							

1) キャ・キュ・キョ, ギャ・ギュ・ギョ

キャ	キャ	キャ				
kya	キャ	キャ				
キュ	キュ	キュ				
kyu	キュ	キュ				
キョ	キョ	キョ				
kyo	キョ	キョ				

ギャ	ギャ	ギャ				
gya	ギャ	ギャ				
ギュ	ギュ	ギュ				
gyu	ギュ	ギュ				
ギョ	ギョ	ギョ				
gyo	ギョ	ギョ				

단어

キャンパス 캠퍼스	キャンプ 캠프	キャリア 경력, 전문직
ギョーザ 중국식 만두	ギャラリー 갤러리	ギャンブル 도박

2) シャ・シュ・ショ，ジャ・ジュ・ジョ

シャ sha	シャ	シャ				
	シャ	シャ				
シュ shu	シュ	シュ				
	シュ	シュ				
ショ sho	ショ	ショ				
	ショ	ショ				

ジャ ja	ジャ	ジャ				
	ジャ	ジャ				
ジュ ju	ジュ	ジュ				
	ジュ	ジュ				
ジョ jo	ジョ	ジョ				
	ジョ	ジョ				

단어

シャワー 샤워　　シューズ 슈즈, 구두　　ジャム 잼
ショー 쇼　　ジャズ 재즈　　ジャンプ 점프

3) チャ・チュ・チョ

チャ cha	チャ	チャ				
	チャ	チャ				
チュ chu	チュ	チュ				
	チュ	チュ				
チョ cho	チョ	チョ				
	チョ	チョ				

4) ニャ・ニュ・ニョ

ニャ nya	ニャ	ニャ				
	ニャ	ニャ				
ニュ nyu	ニュ	ニュ				
	ニュ	ニュ				
ニョ nyo	ニョ	ニョ				
	ニョ	ニョ				

단어

チャート 차트　　チューブ 튜브　　チャンネル 채널

チョコレート 초콜릿　　ニュース 뉴스　　メニュー 메뉴

5) ヒャ・ヒュ・ヒョ, ビャ・ビュ・ビョ, ピャ・ピュ・ピョ

ヒャ hya	ヒャ	ヒャ				
	ヒャ	ヒャ				
ヒュ hyu	ヒュ	ヒュ				
	ヒュ	ヒュ				
ヒョ hyo	ヒョ	ヒョ				
	ヒョ	ヒョ				

ビャ bya	ビャ	ビャ				
	ビャ	ビャ				
ビュ byu	ビュ	ビュ				
	ビュ	ビュ				
ビョ byo	ビョ	ビョ				
	ビョ	ビョ				

ピャ	ピャ	ピャ				
pya	ピャ	ピャ				
ピュ	ピュ	ピュ				
pyu	ピュ	ピュ				
ピョ	ピョ	ピョ				
pyo	ピョ	ピョ				

단어　　ピュア 순수함, 청결함　　　ピューマ 퓨마　　　コンピューター 컴퓨터

ミャ mya	ミャ	ミャ				
	ミャ	ミャ				
ミュ myu	ミュ	ミュ				
	ミュ	ミュ				
ミョ myo	ミョ	ミョ				
	ミョ	ミョ				

7) リャ・リュ・リョ

リャ rya	リャ	リャ				
	リャ	リャ				
リュ ryu	リュ	リュ				
	リュ	リュ				
リョ ryo	リョ	リョ				
	リョ	リョ				

단어

ミュージカル 뮤지컬   コミュニケーション 커뮤니케이션

リューマチ 류마티즘   リュックサック 륙색, 등산용 가방

ア
マ

ウ
ク
ワ

ク
タ

コ
ユ

혼동하기 쉬운 글자(カタカナ)

| シ
ツ | | | | | | | | | |

| ス
ヌ | | | | | | | | | |

| ソ
リ | | | | | | | | | |

| ソ
ン | | | | | | | | | |

Ⅳ 단 어 쓰기연습

봄	はる	はる	はる	はる
여름	なつ	なつ	なつ	なつ
가을	あき	あき	あき	あき
겨울	ふゆ	ふゆ	ふゆ	ふゆ
아침	あさ	あさ	あさ	あさ
밤	よる	よる	よる	よる

ひる	ひる	ひる	ひる
かみ	かみ	かみ	かみ
いす	いす	いす	いす
つき	つき	つき	つき
かぜ	かぜ	かぜ	かぜ
くも	くも	くも	くも

낮

종이

의자

달

바람

구름

へや	へや	へや	へや
やね	やね	やね	やね
ばら	ばら	ばら	ばら
いぬ	いぬ	いぬ	いぬ
あり	あり	あり	あり
うし	うし	うし	うし

방

지붕

장미

개

개미

소

うま	うま	うま	うま
うみ	うみ	うみ	うみ
じしょ	じしょ	じしょ	じしょ
おとこ	おとこ	おとこ	おとこ
おんな	おんな	おんな	おんな
つくえ	つくえ	つくえ	つくえ

말

바다

사전

남자

여자

책상

かばん	かばん	かばん	かばん
しゃしん	しゃしん	しゃしん	しゃしん
ざっし	ざっし	ざっし	ざっし
さくら	さくら	さくら	さくら
ぼうし	ぼうし	ぼうし	ぼうし
くるま	くるま	くるま	くるま

가방

사진

잡지

벗꽃

모자

자동차

すいか	すいか	すいか	すいか
ぶどう	ぶどう	ぶどう	ぶどう
みかん	みかん	みかん	みかん
りんご	りんご	りんご	りんご
ごはん	ごはん	ごはん	ごはん
とうふ	とうふ	とうふ	とうふ

수박

포도

귤

사과

밥

두부

でんわ	でんわ	でんわ	でんわ
がっこう	がっこう	がっこう	がっこう
だいがく	だいがく	だいがく	だいがく
きょうしつ	きょうしつ	きょうしつ	きょうしつ
せんせい	せんせい	せんせい	せんせい
がくせい	がくせい	がくせい	がくせい

전화 · 학교 · 대학교 · 교실 · 선생님 · 학생

しんぶん	しんぶん	しんぶん	しんぶん
たいよう	たいよう	たいよう	たいよう
ようふく	ようふく	ようふく	ようふく
くつした	くつした	くつした	くつした
ちかてつ	ちかてつ	ちかてつ	ちかてつ
れいぞうこ	れいぞうこ	れいぞうこ	れいぞうこ

신문

태양

양복

양말

지하철

냉장고

バス	バス	バス	バス
ホテル	ホテル	ホテル	ホテル
ジュース	ジュース	ジュース	ジュース
チーズ	チーズ	チーズ	チーズ
ズボン	ズボン	ズボン	ズボン
ニュース	ニュース	ニュース	ニュース

버스

호텔

주스

치즈

바지

뉴스

 ラジオ	ラジオ	ラジオ	ラジオ
 テレビ	テレビ	テレビ	テレビ
 ドーナツ	ドーナツ	ドーナツ	ドーナツ
 フランス	フランス	フランス	フランス
 デパート	デパート	デパート	デパート
 スカート	スカート	スカート	スカート

라디오

텔레비전

도넛

프랑스

백화점

스커트

<table>
<tr><td>넥타이</td><td>ネクタイ</td><td>ネクタイ</td><td>ネクタイ</td><td>ネクタイ</td></tr>
<tr><td>손수건</td><td>ハンカチ</td><td>ハンカチ</td><td>ハンカチ</td><td>ハンカチ</td></tr>
<tr><td>마라톤</td><td>マラソン</td><td>マラソン</td><td>マラソン</td><td>マラソン</td></tr>
<tr><td>초콜릿</td><td>チョコレート</td><td>チョコレート</td><td>チョコレート</td><td>チョコレート</td></tr>
<tr><td>하이킹</td><td>ハイキング</td><td>ハイキング</td><td>ハイキング</td><td>ハイキング</td></tr>
<tr><td>햄버거</td><td>ハンバーガー</td><td>ハンバーガー</td><td>ハンバーガー</td><td>ハンバーガー</td></tr>
</table>

おはようございます	안녕하십니까? (아침인사)
おはようございます	おはようございます
こんにちは	안녕하십니까? (낮인사)
こんにちは	こんにちは
こんばんは	안녕하십니까? (밤인사)
こんばんは	こんばんは
さようなら	안녕히 가십시오 [계십시오]
さようなら	さようなら
おやすみなさい	안녕히 주무십시오
おやすみなさい	おやすみなさい
すみません	미안합니다
すみません	すみません
ありがとうございます	감사합니다
ありがとうございます	ありがとうございます
どういたしまして	천만에요
どういたしまして	どういたしまして

新일본어 펜맨십

감　수　한국일어교육학회
펴낸이　정효섭
펴낸곳　(주)다락원

초판 10쇄 발행 2009년 3월 9일

책임편집 이선미, 송화록
디자인 정현석, 황미연

다락원 경기도 파주시 교하읍 문발리 509-1
내용문의: (02)736-2031 내선 420~425
구입문의: (02)736-2031 내선 112~114
Fax: (02)732-2037
출판등록 1977년 9월 16일 제300-1977-23호

값 4,000원

ISBN 89-7255-115-5 13730

http://www.darakwon.co.kr

- 다락원 홈페이지를 통해 인터넷 주문을 하시면 자세한
  어학 정보와 함께 다양한 혜택을 받으실 수 있습니다.
- 다락원 **Cyber 어학원** 내 〈일본어 공부방〉에서는 다양한
  일본어 학습코너가 제공되고 있습니다.